Etica d'impresa e bilancio sociale

-PREMESSA-

L'attuale crisi economica globale generata dalla "finanza folle", senza regole, che ha fagocitato denaro e ricchezze al batter di ciglio, e che tanto spaventa, ci ha indotto ad intraprendere un viaggio in quello che ormai è diventata esigenza e necessità di sopravvivenza: ogni realtà, compresa quella economica, deve avere dei valori morali di riferimento.

L'impresa nell'esercizio della sua attività economica, deve assumersi la propria responsabilità sociale. Quest'ultima coinvolge vari settori: dalla sicurezza nei luoghi di lavoro, alla tutela dell'occupazione, al rispetto dei diritti dei lavoratori e alla prevenzione del degrado ambientale.

L'impresa per sopravvivere deve salvaguardare la propria immagine in quanto, oltre alla qualità dei prodotti e dei servizi offerti, è essenziale considerare le ripercussioni dell'operatività aziendale nell'ambiente circostante.

Pertanto il giudizio della collettività sul modo di operare e sui mezzi utilizzati dalle imprese influisce in maniera determinante sui ricavi di vendita della stessa, i quali possono ridursi drasticamente a seguito di boicottaggi di massa se le imprese non adottano comportamenti in sintonia con il giudizio etico e morale corrente.

A partire dal caso Enron verificatosi nell'anno 2002 (il più clamoroso scandalo finanziario dal secondo dopoguerra, che in poche settimane ha praticamente azzerato il valore delle azioni di quella che era la settima corporation USA per giro di affari e che fino all'anno precedente aveva un valore di Borsa di 60 miliardi di dollari), l'attenzione degli operatori economici si è focalizzata intorno all'esigenza che anche il sistema economico avesse la necessità di avere una propria etica.

Il giornalista del "Corriere della Sera Economia", Umberto Venturini riguardo la bancarotta Enron così scriveva: "truccavano i bilanci, evadevano le tasse e per farla franca contavano su amici potenti, fra cui addirittura il presidente degli Stati Uniti"

La Enron, una società del settore energetico che negli anni precedenti si era espansa anche nel settore della finanza, dichiarò fallimento all'inizio del mese di dicembre 2001.

Il fatto produsse grande scalpore per le dimensioni dell'azienda, e per le diverse implicazioni che cominciarono ad emergere.

Anzitutto, la società dichiarava fallimento dopo che i suoi bilanci erano stati approvati da un'altra società la Arthur Andersen, il cui compito specifico era quello di controllare e certificare i bilanci delle imprese.

In un articolo del "New York Times" si ipotizzava la possibilità che l'Arthur Andersen avesse consigliato ai dirigenti della Enron di distruggere i documenti comprovanti gli illeciti contabili.

Questi fatti estendevano i sospetti di disonestà anche a quella che era una delle maggiori e più autorevoli società di certificazione a livello mondiale, e chiamavano in causa il funzionamento del sistema economico – finanziario nel suo complesso.

Tra le vittime dirette del fallimento ci sono i 4000 dipendenti della Enron che non hanno perso solo il posto di lavoro, ma anche tutte le loro pensioni, che erano direttamente collegate all'andamento azionario dell'impresa.

Così scriveva il vincitore del premio Nobel Joseph Stiglitz sul Corriere della Sera del 19 febbraio 2002: "Abbiamo bisogno di normative migliori e di leggi più severe".

Alla concezione del capitalismo tipicamente anglo-americano fondato sulla massimizzazione del valore del capitale sociale, si sta pian piano affiancando come alternativa percorribile l'ipotesi "renana" del capitalismo, così definita perché pensata e applicata nelle regioni del Reno, in Germania.

Quest'ultima visione dell'economia e della produzione pone al centro di tutti gli "stakeholder", gli interlocutori sociali e contestuali dell'azienda stessa.

Il primo modello, tipicamente inglese e statunitense, e che si può intendere come un capitalismo degli "azionisti", domina a tutt'oggi i quadri giuridici della società occidentale.

In verità, questo tipo di capitalismo persegue non tanto il vantaggio di chi possiede partecipazioni azionarie nell'impresa, cioè gli azionisti, ma solamente i profitti del top management delle corporations.

In questo senso, possiamo dire che il capitalismo "manageriale", che divora lo stesso capitalismo degli "azionisti", possiede in sé moltissime falle.

Un triste e attuale esempio di come il capitalismo manageriale comporti elevati danni sociali, in molti casi, è dato dalla vicenda dei mutui "sub-prime".

L'allarme generato dalla concessione scellerata dei mutui e prestiti immobiliari alle fasce della popolazione più giovane e meno ricca, ha testimoniato l'evidente sottrazione dei risparmi di una vita ai danni di queste fasce deboli.

In tal senso, le banche non hanno dato prova di spiccata responsabilità sociale d'impresa, anzi: milioni di cittadini statunitensi hanno perso i propri risparmi, e soprattutto la propria casa.

E perdere la casa per molti significa anche perdere la fonte di reddito, innescando una catena di impoverimento.

Proprio la questione dei "sub-prime" ha confermato lo sfruttamento da parte dei top management di quelle fasce della popolazione dotate di scarso reddito e bassa istruzione, dimostrando come il "capitalismo manageriale" gestisca il mercato senza equità e con scarsa responsabilità sociale.

I membri della comunità-azienda dovrebbero, invece, essere uniti da rapporti di condivisione e di uguaglianza.

Attualmente, sono molte le aziende che stanno cambiando rotta, credendo possibile incorporare nei propri modelli produttivi i principi di eticità e responsabilità d'impresa: molte corporations guardano alla redditività non solo in termini di crescita di profitti ma anche e soprattutto di sostegno del benessere socio-ambientale.

-ETICA DI IMPRESA-

Warren Buffett, uno degli uomini più ricchi del mondo, è l'investitore che da anni costituisce una delle figure più stabili della finanza internazionale.

Una piccola parte della sua filosofia, comprende il non eccessivo attaccamento al guadagno personale; infatti ancora oggi reinveste nella sua holding, la "Berkshire Hathaway" il 99% dei sui guadagni.

Sono poche e solide regole quelle che segue:

- Investe in aziende a cui stanno a cuore gli interessi del consumatore
- Mira al potenziale di crescita della società nel lungo periodo
- Non si limita a valutare solo il business della singola società ma presta attenzione alle competenze e soprattutto all'onestà dei vertici aziendali.

Infatti alcune sciagurate gestioni aziendali hanno rovinato non solo azionisti e sottoscrittori, ma la stessa validità del marchio.

Pertanto la forza di una marca o di un'azienda, non è soltanto nella qualità del prodotto finale, ma in ciò che il prodotto stesso rappresenta, infatti sono sempre più decisivi i valori trasmessi dall'azienda e dalla loro verificabilità. Insomma il giudizio del consumatore diventa qualcosa di importante.

Le aziende italiane di marca godono di grande fiducia ed in testa alla preoccupazione degli italiani c'è il fatto che l'azienda si assicuri che il prodotto non danneggi l'ambiente, che i prodotti e i servizi forniti siano di buona qualità e per di più, che tutti i dipendenti siano trattati equamente senza alcuna distinzione razziale, religiosa o sessuale.

L'etica è espressione della volontà delle grandi, piccole e medie imprese di gestire efficacemente le problematiche d'impatto sociale ed etico al loro interno e nelle zone di attività. Un prodotto, infatti, non è apprezzato unicamente per le caratteristiche qualitative esteriori o funzionali; il suo valore è stimato in gran parte per le caratteristiche non materiali, quali le condizioni di fornitura, i servizi di assistenza e di personalizzazione, l'immagine ed infine la storia del prodotto stesso.

Le aziende che godono di maggior fiducia da parte dei consumatori sono quelle che adottano un comportamento socialmente responsabile, rispondendo alle aspettative economiche, ambientali, sociali di tutti i portatori di interesse (stakeholders) cogliendo contemporaneamente l'obiettivo di conseguire un vantaggio competitivo e massimizzare gli utili di lungo periodo.

Un esempio di aziende socialmente responsabili, sono quelle altamente innovative (per esempio quelle tecnologiche) o che soddisfano bisogni primari; mentre la reputazione delle aziende petrolifere e chimiche va a sfumarsi a causa dei loro prodotti nocivi per l'ambiente.

Non hanno sorte migliore le compagnie farmaceutiche e le banche.

Si evince che il giudizio etico riveste un ruolo sempre più importante, difatti i consumatori stanno mutando atteggiamento nei confronti delle grandi aziende.

L'etica ha, quindi, due riscontri positivi: primo il servizio nei confronti dell'ambiente e della società, secondo perché si traduce in vantaggio competitivo nei confronti dei concorrenti che non vengono visti altrettanto eticamente inattaccabili.

È quindi di fondamentale importanza, l'attività dedicata al mantenimento delle relazioni con l'esterno, verso i cosiddetti stakeholders (soggetti interessati, per es. Organizzazioni non governative, sindacati, mass-media ecc.). Ma il comportamento più o meno etico di un'impresa interessa potenzialmente tutti i cittadini, ai quali non bastano astratte dichiarazioni di principi e valori: essi esigono ormai un impegno quotidiano e credibile, frutto di una precisa politica manageriale e di un sistema aziendale organizzato a tal fine.

L'importanza dell'etica fa sì che cambino le abitudini d'acquisto; infatti sempre più spesso ci troviamo di fronte a campagne di "boicottaggio" che penalizzano le aziende meno etiche.
Secondo una ricerca Eurisko (Istituto per le ricerche sui consumi, la comunicazione e il mutamento sociale), ben il 60% dei consumatori ha pensato di aderire ai "boicottaggi", ma in realtà solo il 27% di essi li ha messi in atto evitando l'acquisto, denigrando l'azienda sconsigliando i suoi prodotti.

Il segnale del mercato è forse debole ma preciso: il compito dei manager e degli imprenditori è quello di mettersi in ascolto. A volte la musica, anche negli affari, cambia.

-IL CODICE ETICO-

Il Codice Etico è l'altra faccia del Bilancio Sociale. Infatti dalla missione aziendale si possono diramare due attività concomitanti, una più generale rivolta al controllo delle politiche d'impresa (il Bilancio Sociale), l'altra ai comportamenti individuali (il Codice Etico).

Può definirsi come la "Carta Costituzionale" dell'impresa, una carta dei diritti e doveri morali che definisce la responsabilità etico -sociale di ogni partecipante all'organizzazione imprenditoriale.

È un mezzo efficace a disposizione delle imprese per prevenire comportamenti irresponsabili o illeciti da parte di chi opera in nome e per conto dell'azienda, perché introduce una definizione chiara ed esplicita delle responsabilità etiche e sociali dei propri dirigenti, quadri, dipendenti e spesso anche fornitori verso i diversi gruppi di stakeholder.

Esso è il principale strumento di implementazione dell'etica all'interno dell'azienda.

Il Codice Etico è divenuto uno strumento per lo stakeholder manager, un mezzo che garantisce la gestione equa ed efficace delle transazioni e delle relazioni umane, che sostiene la reputazione dell'impresa, in modo da creare fiducia verso l'esterno.

La diffusione di tali documenti, sia pure di struttura e contenuto assai diversi tra loro, si è andata ad accrescere nel corso degli anni.

In particolare negli USA la redazione dei Codici Etici ha avuto una diffusione straordinaria, tanto che circa l'85% delle principali imprese del Paese ha adottato tale strumento. L'impulso è stato dato a partire dal 1991 quando il Governo degli Stati Uniti ha emanato delle norme specifiche (Federal Sentencing Commission Guidelines for Organizations) in materia di azioni criminali da parte delle imprese. L'aver realizzato un Codice Etico consente di provare la buona fede dell'azienda, nei casi di contestazione, ottenendo sconti sulle sanzioni.

In Italia tali Codici sono ancora con una diffusione limitata. Alcuni esempi ci vengono forniti dal Codice di Comit, Coop Adriatica (grande distribuzione), ENI, FIAT e di Glaxo Welcome (farmaceutica)

La struttura del Codice Etico può variare da impresa a impresa, ma generalmente viene sviluppato su quattro livelli:

1] I principi etici generali che raccolgono la missione imprenditoriale ed il modo più corretto di realizzarla;

2] Le norme etiche per le relazioni dell'impresa con i vari stakeholder (consumatori, fornitori, dipendenti, etc.);

3] Gli standard etici di comportamento:
- Principio di legittimità morale.

- Equità ed eguaglianza
- Tutela della persona
- Diligenza
- Trasparenza
- Onestà
- Riservatezza
- Imparzialità
- Tutela ambientale
- Protezione della salute

4] Le sanzioni interne per la violazione delle norme del Codice

5] Gli strumenti di attuazione. L'attuazione dei principi contenuti nel Codice Etico è affidata di solito ad un Comitato etico. Ad esso è affidato il compito di diffondere la conoscenza e la comprensione del Codice in azienda, monitorare l'effettiva attivazione dei principi contenuti nel documento, ricevere segnalazioni in merito alle violazioni, intraprendere indagini e comminare sanzioni.

Dove di solito è prevista la nomina di un Comitato etico con l'incarico di diffondere la conoscenza e la comprensione del Codice in azienda, monitorare l'effettiva attivazione dei principi contenuti nel documento, ricevere segnalazioni in merito alle violazioni, intraprendere indagini e comminare sanzioni.

La metodologia realizzativa prevede:

1] Un'analisi della struttura aziendale per l'individuazione della mission e dei gruppi di stakeholder di riferimento.

2] La discussione interna per l'individuazione dei principi etici generali da perseguire, le norme etiche per le relazioni dell'impresa con i vari stakeholder, gli standard etici di comportamenti.

3] La consultazione degli stakeholder per la condivisione dei principi etici generali e particolari per ogni gruppo.

4] L'adeguamento dell'organizzazione aziendale, delle procedure, delle politiche imprenditoriali con riferimento ai principi etici del Codice. In particolare riveste una notevole importanza l'attività di formazione etica finalizzata a mettere a conoscenza tutti i soggetti dell'impresa dell'esistenza del Codice e di assimilarne i contenuti. Il dialogo e la partecipazione sono indispensabili per far condividere a tutto il personale i valori presenti in questo importante documento.

- IMPRESA: MORALE ETICA E CAPITALISMO

Intervista a Paolo Sylos Labini e Franzo Grande Stevens

Paolo Sylos Labini
Franzo Grande Stevens

MicroMega: Nel nostro paese molti intellettuali pensano che morale ed economia rappresentino due categorie separate, spesso addirittura contrapposte, e che la stessa considerazione valga per i rapporti fra etica e politica.

Paolo Sylos Labini: è da tempo che considero questo un punto di vista culturalmente obsoleto. La separazione ed anzi la contrapposizione fra etica e politica è stata messa in risalto nel Cinquecento da Machiavelli, il quale reagendo alla cultura allora dominante e all'ipocrisia che nelle interpretazioni politiche la caratterizzava, introdusse una concezione realistica e culturalmente innovatrice, anche se – l'ho sentito più volte – Machiavelli era assolutamente troppo comprensivo rispetto ai delitti dei « principi » e tendeva addirittura ad assumere a modello quelli più cinici, trascurando gli altri.
Nel suo tempo, è stato osservato, non c'era la democrazia in nessun paese del mondo e non c'erano quindi quegli anticorpi che la democrazia mette in circolo per contenere l'azione dei leader politici privi di ogni scrupolo: in tali condizioni mettere a nudo la realtà della politica poteva avere una funzione perfino utile.
Un discorso alquanto diverso valeva allora nei rapporti fra etica ed economia. Allora prevaleva il capitalismo mercantile e certe **regole etiche erano indispensabili** per il suo funziona-

mento, e venivano considerate addirittura ovvie: <u>i contratti dovevano essere rispettati</u> (l'equivalente della stretta di mano nei mercati di paese), le merci acquistate e vendute dovevano corrispondere ai patti e i prestiti dovevano fondersi sulla ragionevole certezza della restituzione: il credito è fiducia. Nella successiva evoluzione e poi con la comparsa del capitalismo industriale – siamo alla fine del Settecento in Inghilterra – i rapporti fra etica ed economia s'infittiscono e diventano incomparabilmente più stretti. I nostri intellettuali, che oggi si ostinano a riproporre le interpretazioni e le giustificazioni di Machiavelli, tendono a minimizzare o a relegare alla storia antica il ruolo svolto dai puritani nell'evoluzione della società inglese.

Franzo Grande Stevens: Condivido l'opinione espressa sul tempo e la visione di Machiavelli, il quale tenne conto lucidamente e cinicamente della realtà.

Ma a quell'epoca il diritto di proprietà immobiliare (urbana o agricola) era al centro dell'economia mentre oggi lo è l'attività dell'operatore-imprenditore (attività della quale il diritto di proprietà immobiliare è un accessorio strumentale).

Anche l'altra economia – quella mercantile – si svolgeva attraverso rapporti individuali (da mercante a mercante o tra questo e il cliente).

Oggi con l'economia di mercato l'attività dell'operatore economico è favorita e regolata invece nell'interesse di un mercato indistinto (tutti, dai concorrenti ai creditori, dai consumatori ai fornitori, dai collaboratori ai soci eccetera), il quale mercato, fra l'altro, gli dà i mezzi per svolgere e sviluppare la sua attività.

Alla democrazia politica si deve perciò accompagnare in modo inseparabile la democrazia economica (concorrenza, regole, controllo sul loro rispetto eccetera).

MicroMega: il riferimento ai puritani non vi sembra troppo lontano, considerate le grandissime differenze fra le condizioni della società inglese di quel tempo e le condizioni dell'odierna società italiana?

Sylos Labini: no, penso di no. Ben difficilmente la storia, vicina o lontana, se presa a sé, insegna qualcosa: insegna molto, invece, se ci sforziamo di riflettere su alcune analogie significative. Con questo spirito giova meditare sui puritani inglesi, i quali ebbero un ruolo di primo piano sia nel Seicento, con Cromwell, sia verso la fine del Settecento. In quei secoli la società inglese era profondamente corrotta – può sembrare incredibile, anche più corrotta dell'attuale società italiana. Poi la società inglese cambiò – ciò è incoraggiante anche per noi, poiché dimostra che è possibile cambiare: alla svolta della società inglese dettero un robusto contributo i puritani. Il loro ruolo, nel Seicento, fu principalmente politico, alla fine del Settecento prevalentemente economico. La loro base sociale era costituita da piccoli proprietari, artigiani e mercanti, che reagivano alla corruzione e alle prepotenze politiche della Corte, delle alte gerarchie ecclesiastiche e dell'aristocrazia. La monarchia ne percepì il pericolo politico e per anni li perseguitò.

Durante una di queste persecuzioni un gruppo di puritani abbandonò l'Inghilterra e si trasferì in America del Nord, nel 1620, con una nave, il *Mayflower* – erano poche decine, ma ebbero un'importanza storica, giacché non si trattava di rozzi avventurieri alla ricerca dell'arricchimento, com'era la regola in quel tempo per gli europei che emigravano nelle colonie: si trattava di persone che lasciavano la madrepatria per essere libere, disponevano di un peculio ed avevano una certa cultura, che le aiutava sia a organizzare un buon governo sia ad usare tecniche produttive per quei tempi efficienti. Sin da principio avevano deciso di non riprodurre le forme della proprietà feudale, che porta con sé latifondi per i più potenti, ma di lasciare libere a tutti le terre strappate agli indigeni, a differenza di quanto avvenne nelle colonie spagnole e portoghesi. Ciò favorì la crescita dei piccoli proprietari coltivatori, molti dei quali divennero poi industriali. Tutto questo si può ricavare dalle analisi di Adam Smith e di Alexis de Tocqueville.

MicroMega: Volete chiarire meglio il nesso fra il riferimento storico ai puritani e il nostro paese?

Sylos Labini: Mi sembra che i nessi siano diversi – a partire l'incoraggiamento per il nostro possibile futuro. Non pochi intellettuali italiani continuano a non capire l'importanza dei puritani ed anzi sono inclini a considerarli "moralisti", come considerano "moralisti", incapaci di comprendere le ragioni e la supremazia della politica, coloro che si ricollegano a Giustizia e Libertà e che oggi obiettano alle malefatte di Berlusconi e dei suoi soci. No: fra morale ed economia, come fra morale e politica, non c'è contrapposizione: a rigore non c'è mai stata, oggi meno che mai. E se i leader della politica e dell'economia non lo capiscono e si comportano come se la contrapposizione ci fosse, prima o poi saranno costretti a ricredersi e a ripudiare le condotte immorali e, addirittura, a promuovere leggi penali durissime, pur non essendo, a parere di molti, senza peccato.
L'allusione al presidente Bush è evidente.

MicroMega: Lei ha citato Smith e Tocqueville. È noto che lei è uno studioso di Smith, fondatore della scienza economica moderna. Può dirci qualche cosa dei punti di vista di Smith sui rapporti fra morale, economia e capitalismo?

Sylos Labini: Prima di essere un economista Adam Smith era un filosofo: la sua grande opera di economia: la *Ricchezza delle Nazioni*, è preceduta dalla *Teoria dei sentimenti morali*, che può essere vista come un breviario laico di etica. La filosofia di Smith ruota attorno a due concetti, strettamente legati fra loro: il concetto di "simpatia" e quello di "spettatore imparziale", che è dentro ciascuno di noi. Sostengo che i due concetti si unificano nel concetto di autostima: solo con l'autostima è possibile vivere in modo accettabile, nonostante le pene che più o meno riguardano tutti. L'alternativa è di parere senza essere – parere onesti per molti, mentre nella condotta pratica si fa "il comodo proprio".
Molti si comportano così – ma in fondo lo diceva già Smith – e vivono male: l'apparenza non può sostituire la sostanza. Spesso

dedicano la vita a fare i soldi e magari li fanno, usando ogni mezzo, lecito e illecito; alla fine si ritrovano con un pugno di mosche: autostima zero, disprezzo degli altri e perfino dei figli, se li hanno Non è una bella fine.

-ACCOUNTABILITY: IL BILANCIO SOCIALE-

1: L'ACCOUNTABILITY D'IMPRESA E I SUOI DOCUMENTI
2: IL BILANCIO SOCIALE D'IMPRESA

1: L'ACCOUNTABILITY D'IMPRESA E I SUOI DOCU-MENTI

Dalla seconda metà degli anni novanta si è diffuso nel mondo un processo di allargamento dell'informativa aziendale anche a documenti non strettamente connessi alla verifica degli equilibri economico-finanziari-patrimoniali.

La recente crisi dell'informativa di bilancio ha posto con chiarezza l'esigenza di tutelare maggiormente sia i diritti dei singoli, sia i diritti di un sistema economico che per funzionare ha bisogno di non scendere sotto certi standard di fiducia reciproca e di legalità. In particolare ha colpito il fatto che la mancanza di trasparenza in alcune aziende quotate in Borsa abbia contribuito a mettere in difficoltà un Paese come gli USA per essersi posto per primo tale problema ai tempi della crisi del 1929 e della nascita della SEC (Security Exchange Commission) per la sorveglianza dei mercati borsistici.

-?- Quali sono le finalità dell'insieme della documentazione

che l'impresa presenta al pubblico per "rendere conto" delle sue

prestazioni economiche, finanziarie, patrimoniali ed etico-sociali?

Questo tipo di informazione rivolta verso l'esterno va infatti distinta dalle altre forme di comunicazione aziendale.

Ci si riferisce in particolare all'informazione ai terzi, che abbraccia i seguenti campi:

- La situazione economico-finanziaria in funzione dell'equilibrio sul mercato (attraverso il bilancio d'esercizio);
- L'impatto complessivo sulla società civile in tutti i suoi aspetti (mediante il bilancio sociale);
- Le regole e le procedure che l'azienda si dà per operare eticamente (grazie al codice etico).

I primi due documenti hanno una specifica e diretta finalità di "resa del conto", invece i codici etici la attuano in modo più indiretto.

Di questi tempi si usa molto più spesso il temine inglese "accountability", letteralmente ci si riferisce alla resa del conto, dando l'idea di una "rendicontabilità", cioè di un dovere di spiegare cosa si è fatto per adempiere ad una responsabilità, ad un compito.

La "rendicontabilità" può essere interpretata diversamente secondo quanto si ritiene che debbano valere i diritti informativi di tutti coloro che operano a contatto con il sistema aziendale.

Quando la diffusione di dati e di informazioni viene però attuata nel quadro di una ricerca di maggiore e migliore legittimazione, morale e/o sociale, la trasparenza nell'accountability diviene comunque un imperativo.

L'accoutability investe tutte le operazioni dell'azienda, anche se è nata specificamente con riferimento alle informazioni economico-finanziarie e patrimoniali consuntive.

La via alla trasparenza dei risultati del bilancio d'esercizio è stata lunga e non è ancora stata percorsa in modo sempre pienamente adeguato: sorge un fondamentale e condiviso dovere di account-ability.

La stessa convinzione liberista radicale implica che sia doveroso e legittimante presentare una *rendicontazione* periodica, adeguata e trasparente sull'andamento economico, finanziario e patrimoniale sul mercato.

La legittimazione dell'impresa sul piano economico comporta pertanto la presenza di un'accountability economico-finanziaria che va attuata anche quando non conviene all'azienda per motivi di immagine, essendo essa funzionale al buon andamento del sistema economico in termini di produzione di ricchezza e di benessere.

Si può affermare di essere in presenza di un dovere morale e non solo di un'opportunità; se poi ci sono anche ragioni etiche fondate sui diritti dell'informazione il discorso si rafforza e diviene assoluto anche prescindere dagli interessi di sopravvivenza del sistema economico.

L'evoluzione della normativa internazionale, comunitaria e italiana punta sempre più sull'affermazione che i creditori, dipendenti, pubblica amministrazione, sistema delle imprese detengono tutti un interesse legittimo ad avere a disposizione un quadro fedele della situazione economico, finanziaria e patrimoniale dell'azienda.

Il passo successivo è stato poi considerare anche gli interlocutori che non hanno un rapporto di scambio economico-finanziario con l'impresa, ponendo l'attenzione sia sui risultati generali delle strategie e politiche aziendali, sia sui diritti e i doveri dell'accountability.

Questa evoluzione implica necessariamente l'allargamento dell'accountability: nasce il bilancio sociale come strumento di "misura" di ogni tipo di risultato dell'azione dell'impresa verso tutti gli stakeholder legittimamente interessati, strumento che può anche servire come verifica del grado di rispetto dei codici etici.

□ **IL BILANCIO D'ESERCIZIO E IL BILANCIO SOCIALE COME PRINCIPALI DOCUMENTI DI DIRETTA ACCOUTABILITY**

La presentazione di due diversi documenti non può essere evitata, perché una loro unificazione in un unico bilancio sarebbe fuorviante per le seguenti ragioni:

- Un eccessivo allargamento degli ambiti informativi dei bilanci d'esercizio nuoce alla chiarezza del messaggio rivolto agli interlocutori;
- Mescolare dati raccolti sulla base dei principi contabili del bilancio d'esercizio con quanto riportato in relazione all'interesse dei vari stakeholder comporta grande confusione, che impedisce di conoscere adeguatamente sia l'andamento sul mercato, sia le conseguenze sociali più generali dell'azione dell'impresa.

I due documenti non sono però né contrapposti, né totalmente separati, ma sono paralleli nella loro autonomia, presentando anche sinergie. È auspicabile quindi allegare il bilancio sociale alla relazione sulla gestione, che è un documento non legato alle strette logiche valutative e di presentazione dei componenti essenziali del bilancio d'esercizio. Questi documenti vanno redatti per offrire agli stakeholder un accountability trasparente, neutrale ed esclusiva.

La principale sinergia tra i due documenti è costituita dalla *fondamentalità* del bilancio d'esercizio ai fini della redazione dei bilanci sociali, non solo per i dati ed informazioni ricavabili da esso, ma anche perché costituisce per le imprese una guida base per il loro comportamento. L'esperienza accumulata nella redazione del bilancio d'esercizio può inoltre essere utile anche per la predisposizione dei bilanci sociali.

□ **ACCENNO A CODICI ETICI E ACCOUNTABILITY D'IMPRESA**

I codici etici fanno parte del sistema informativo di accountability aziendale, ma lo attuano in modo indiretto, poiché sono soprattutto una guida al comportamento etico da parte dell'azienda.

Questa funzione gestionale non esclude però forti legami con l'accountability, in quanto:

- L'inserimento dei codici etici nei bilanci sociali contribuisce molto alla definizione dell'identità dell'impresa considerata;
- I dati e informazioni consuntivi contenuti nel bilancio sociale possono servire a mettere in risalto la coerenza nell'applicazione concreta dei principi e delle pratiche proclamati nei codici.

Si riporta, nella pagina seguente, una tabella di confronto fra bilancio d'esercizio, bilancio sociale e codici etici:

	BILANCIO D'ESERCIZIO	BILANCIO SOCIALE	CODICI ETICI
ANALOGIE	Rivolto agli stakeholder interessati	Rivolto agli stakeholder interessati	Rivolto agli stakeholder interessati
	Esigenza di accountability: trasparente, neutrale, coerente, completa e relativamente inclusiva	Esigenza di accountability: trasparente, neutrale, coerente, completa e pienamente inclusiva	Esigenza di accountability: trasparente, neutrale, coerente, completa e pienamente inclusiva (salvo divergenze etiche di fondo).
	Redatto dall'azienda	Redatto dall'azienda	Redatto dall'azienda
	Controllo esterno indipendente	Controllo esterno indipendente	Controllo esterno indipendente
	Guida al comportamento	Guida al comportamento	Guida al comportamento
SINERGIE	Fornisce dati e informazioni utili per gli altri due documenti, in particolare per il bilancio sociale	Costituisce un supporto al bilancio per le previsioni di valutazione	Indicano il quadro generale di riferimento etico dell'azienda, definendone l'entità
	È elemento unificante lo studio dell'azienda, in particolare per l'impresa e per il suo andamento sul mercato	È utilizzabile per il "rating etico-sociale" dell'impresa	Contribuiscono elle valutazioni etiche del bilancio sociale e possono indirettamente influire sulle previsioni economico-finanziarie
	Prepara il know-how e l'esperienza storico-professionale utile per il bilancio sociale	Valuta la coerenza dei codici etici	
DIFFERENZE	Si rivolge istituzionalmente a tutti gli stakeholder che hanno un interesse economico-finanziario nell'azienda	Riguarda tutti gli interlocutori che hanno un qualunque interesse legato all'operare dell'azienda	Si riferiscono solo al comportamento etico di chi opera nell'azienda

	Contiene solo dati di natura contabile	Calcola anche valori economici "esterni" rispetto al meccanismo di mercato	Non possono contenere valutazioni di tipo quantitativo
	Segue le norme della legislazione civile ed i principi contabili professionali	Fa riferimento ad una molteplicità di metodologie di raccolta, presentazione ed elaborazione di dati ed informazioni	Si collegano ad un più ampio sistema di regolamentazione interna aziendale
		Per il momento non è legato ad una normativa legale, ma a scelte volontarie	Sono collegabili a normative sulla responsabilità aziendale

2: IL BILANCIO SOCIALE D'IMPRESA

In questi ultimi anni il bilancio sociale d'impresa si sta diffondendo nei Paesi più sviluppati, ma occorre avere ben chiare le origini storiche, i fondamenti concettuali, le motivazioni, i contenuti, i vantaggi ed i limiti di questo documento.

Se avrà basi solide sul piano concettuale e metodologico il bilancio sociale potrà permettere a coloro che hanno un interesse nell'impresa di farsi un'idea adeguata del suo comportamento nei riguardi della società civile, in modo da poter effettuare scelte consapevoli, ancorché in qualche caso su opinioni differenti.

-? - *A cosa serve la redazione del bilancio sociale d'impresa?*

L'impresa è azienda di produzione a rischio di mercato e fonda la propria sopravvivenza e sviluppo sul successo competitivo.

Se il mercato funziona bene e rilette equamente le aspettative di chi vi opera, non resta che seguire quanto affermato dai liberisti più radicali, cioè che il vero dovere sociale dell'impresa è cercare di ottenere il più possibile profitti più stabili nel lungo periodo, rispettando le leggi e la morale corrente.

In quest'ottica dovrebbe bastare sul piano sociale un attendibile bilancio d'esercizio accompagnato da un rispettato codice etico. Occorre però osservare che:

- Lo stesso successo competitivo nel lungo periodo non può essere duraturo se non tiene conto dei vari interlocutori sociali.
- La morale "corrente" diventa sempre meno facilmente

23

definibile in una società pluralista;

☐   Un'impresa potrebbe essere tentata da forme di "miopia imprenditoriale";

- Potrebbero esistere scelte di principio e valori morali che non emergono dal bilancio d'esercizio e su cui non si ha concordia unanime;

- Vi sono economie e diseconomie esterne indotte dall'attività dell'impresa che non trovano corrispondenza nei costi e ricavi del bilancio d'esercizio, il quale istituzionalmente deve informare i terzi solo sull'andamento economico-finanziario-patrimoniale dell'azienda sul mercato.

Un'"estensione etico sociale" del bilancio d'esercizio non potrebbe bastare per rimediare a queste sue "limitazioni"? Un'operazione del genere sarebbe assai dannosa per le finalità informative di questo documento, perché includerebbe giudizi e valutazioni assolutamente estranee al suo scopo istituzionale, che è quello di fornire a tutti gli stakeholder a ciò, direttamente o indirettamente, interessati una rappresentazione veritiera e corretta della situazione economico-finanziaria e patrimoniale dell'azienda.

Negli anni '70 negli Stati Uniti fu interpellata la Security Exchange Commission (SEC) sul possibile inserimento nel bilancio d'esercizio di informazioni che riguardassero l'ambiente e l'uso delle risorse naturali. La risposta fu che:

"Il sistema d'informazioni controllato dalla Commissione è stato creato allo scopo di soddisfare specifiche esigenze informative di investitori ed azionisti. Sovraccaricare il sistema delle informazioni con un insieme di dati di primario interesse per il pubblico in generale, o per interlocutori che non investono, potrebbe mettere in crisi l'efficiente funzionamento di tale processo d'informazione".

Si pone quindi l'esigenza di un documento specifico di accountability diretta che affronti attraverso valutazioni contabili o extracontabili, indicatori, dati, osservazioni e giudizi in prosa, verifichi e documenti al pubblico interessato ciò che l'impresa realizza in funzione di tutti i suoi interlocutori.

Bilancio sociale e bilancio d'esercizio sono comunque due documenti indipendenti ma complementari, sia perché i dati di quest'ultimo riguardano la produzione e la distribuzione di ricchezza, sia per il fatto che risultati sociali negativi possano essere la "spia" di rischi economico finanziari.

☐ *ACCENNO AI CONTENUTI DEI BILANCI SOCIALI*

Il bilancio sociale è rivolto a rendicontare usualmente sui seguenti contenuti:

  a. Valore aggiunto prodotto;
  b. Valore aggiunto distribuito;
  c. Condizioni di vita e di lavoro dei dipendenti;
  d. Impatto sull'ambiente naturale, paesaggistico ed artistico;
  e. Rapporti con i consumatori;
  f. rapporti con i clienti;
  g. Portatori di handicap di vario tipo;
  h. Minoranze etniche;
  i. Rispetto dei diritti dell'uomo;
  j. Difesa dei minori;
  k. Uguaglianza e pari opportunità sessuale;
  l. Pari opportunità in genere;
  m. Trattamento delle emarginazioni;
  n. Comportamenti nelle pratiche d'affari;
  o. Comportamenti nel rapporto con i pubblici poteri;
  p. Impatto socio-economico-culturale sulla comunità circostante, anche in termini di know-how professionale diffuso.

È utile inserire nei bilanci sociali informazioni e dati sui programmi e processi che si intendono porre in atto per conseguire i risultati dichiarati, puntando ovviamente su una precisa continuità nei documenti al fine di una costante verifica del proseguimento degli obiettivi.

☐ **_PRINCIPI DI REDAZIONE DEL BILANCIO SOCIALE_**

Si presentano alcuni principi fondamentali di redazione del bilancio sociale:

1. NEUTRALITA': l'informazione deve essere imparziale ed indipendente da interessi di parte o da particolari condizioni.

2. COERENZA: dovrà essere fornita una descrizione esplicita della conformità delle politiche e delle scelte del management ai valori dichiarati.

3. INCLUSIONE: si farà in modo di dar voce a tutti gli stakeholder identificati, esplicitando la metodologia di indagine e di reporting adottata. Eventuali esclusioni o limitazioni devono essere motivate.

4. LEGAME CON IL BILANCIO D'ESERCIZIO: il bilancio sociale parte da una riclassificazione a valore aggiunto del bilancio d'esercizio, momento unitario e unificante di valutazione dell'azienda a rischio di mercato, "espandendosi" su altre valutazioni sociali.

Il rispetto di questi principi fondamentali garantisce che il bilancio sociale:

- Sia un documento utile per un'accoutability imparziale verso tutti gli stakeholder;
- Non sia staccato dalla vita d'impresa, in particolare per i legami con il bilancio d'esercizio che può servire come base unificante di partenza per informazioni e dati.

☐ **_I RISCHI CONNESSI ALLA REDAZIONE DEL BILANCIO SOCIALE D'IMPRESA E LA LORO PREVENZIONE_**

La redazione del bilancio sociale d'impresa comporta anche alcuni rischi, occorre infatti considerare:

1. Il cosiddetto "managerial capture" cioè che la possibilità che il bilancio sociale vanga in qualche misura "catturato" dai vertici aziendali e dai consulenti e reso uno strumento di sola immagine;

2. Il monopolio culturale nella standardizzazione di principi e procedure, che potrebbe portare a documenti che risentono di influenze etnocentriche vengono in quanto tali rifiutati in alcuni contesti;

3. L'esclusione delle piccole imprese, soprattutto per motivi di sosti di redazione del documento;

4. L'assenza di considerazione di stakeholder poco influenti, come le generazioni future.

Come rimedio a questi rischi si propone di:

1. Predisporre adeguati standard da parte di organismi indipendenti e formare revisori dei bilanci sociali che siano indipendenti, etici e competenti;

2. Fare contribuire alla redazione delle linee guida gruppi sempre più eterogenei ed interculturali di stakeholder, oltre a diffondere la ricerca in contesti sempre più ampi e vari;

3. Lasciare redigere alle singole piccole aziende schemi semplificati, spingendo contemporaneamente le associazioni di categoria a predisporre bilanci sociali completi per gruppi di imprese omogenee, per esempio nei distretti, in modo da mostrare in modo integrale l'importante impatto sociale delle piccole imprese;

4. Unire ad un buon auditing forti e pluralisti movimenti

di opinione.

Sarebbe anche utile una maggiore ed effettiva partecipazione di alcuni stakeholder alla gestione e/o controllo dell'impresa.

N.B. allego a questo capitolo un percorso di sintesi dell'elaborazione del bilancio sociale.

-CONCLUSIONI-

C om'è opportuno in ogni conclusione che si rispetti, procediamo ad una rapida elencazione delle proposte e delle istanze che ci hanno condotto alla riflessione che ci ha preceduto, anche ai fini della giustificazione delle scelte effettuate, ed alla luce dei risultati ai quali siamo pervenuti.

Il tema dell'etica come è evidente, occupa oggi costantemente, ma anche in tempi non lontani, frequentemente, le pagine dei giornali e qualche volta le discussioni televisive (l'argomento è poco "telegenico" o si preferisce barboso). La questione che si sta riaffermando non è di poco conto, riveste soverchia importanza per la sua portata storica in un clima di *globalizzazione* forzosa ed a tratti selvaggia. Dal 2002, momento nel quale emerge in tutta la sua evidenza, nei casi Enron e Worldcom negli USA (Cirio e Parmalat in Italia), il problema dell'affermarsi di una imprenditoria, ed una società in generale, con poche regole e scrupoli, che diversi commentatori, anche molto autorevoli, e la Chiesa, vanno approfondendo, già da diverso tempo.

La questione sul campo è davvero difficile da dirimere, e siamo certi di non aver sciolto alcun nodo attinente, ma abbiamo cercato di trovate un trait d' union, a partire da un grande passato invero non molto lontano (il rinascimento), un momento storico a cui attingere a piene mani per indicarci il cammino percorso dall'impresa od al quale l'impresa si fosse adattata in particolare in Italia. Certo, l'impostazione è comunque piuttosto ampia, ed in ogni caso, deve tenere presente che nel nostro Paese a differenza degli altri, esiste ed è tuttora vitale, anche se ha perso parecchio "appeal", un'etica pervasiva di carattere religioso che è appunto costituita dall'apparato filosofico/teologico della Chiesa cattolica che tanto ha influenzato la nostra impresa moderna soprattutto nelle sue fasi di vita iniziali (circa vent'anni dopo l'unità d'Italia 1885). Ciononostante, sembra abbastanza evidente e diversi autori lo confermano, indicare nel Machiavelli e nel suo trattato (Il principe) un modello a cui il nostro sviluppo imprenditoriale si è a tratti affrancato e che nonostante le "interferenze" legate alle interpretazioni ecclesiastiche (l'utile figlio del diavolo), ha certamente trovato nelle imprese italiane modus vivendi di volta in volta affiancato da correttivi in corso d'opera. Questo modello (semplificando: "il fine giustifica i mezzi"), come si è potuto notare, non è privo di un suo fascino, né di una sua proficua attuabilità, ma ahimè, non è un abito buono per tutte le stagioni, come si suole dire e funziona, "per l'amor di Dio", funziona, ma solo a certe condizioni, e si tratta di condizioni storiche, culturali, di sentire comune che è, soprattutto nelle nostre aree industriali, troppo mutato per una applicazione diffusa. Ci ripugna, ma relativamente, per esempio, lo sfruttamento del lavoro minorile, di cui alcune grandi aziende fanno largo uso in economie povere, di paesi poco progrediti, ancorché accettate e spesso promosse da avidi politici locali, gli esempi sono molti e noti. Certo, ci ripugna, ma non disdegniamo l'acquisto di tali prodotti, soprattutto se ad un costo assai limitato. Insomma, viviamo da tempo in un mondo, dove anche se alcuni valori o ritenuti tali, vengono calpestati la cosa ci infastidisce, ma "non se ne può fare a meno". È evidente che non possiamo sottrarci alle nostre responsabilità che sono, responsabilità agite, non chiacchiere e soprattutto non possiamo pensare che altri si debbano comportare, a questo punto, differentemente con Noi.

A fronte di questa "débâcle" di natura etica le forze in campo rispondono da par loro con modalità assai differenti: Il produttore di etica per eccellenza, la Chiesa o sarebbe probabilmente meglio dire le "Chiese" nei vari Paesi, riaffermando la supremazia del proprio bagaglio di valori, proponendoli e riaffermandoli con forza, come valori assoluti, e pertanto inconciliabili con altri che dovessero riaffermarsi, ma le Chiese del Mondo sono differenti ed i valori che rappresentano altrettanto. Altri, come le imprese, credono al contrario, nel relativismo etico e vanno costruendo una propria etica, l'etica d'impresa, che deve essere condivisibile ed esportabile, perché in mancanza di condivisione è evidente il far west economico mondiale, a cui si assiste abitualmente. Senza ne regole, ne controllo non c'è mercato che tenga: nessuno si fiderebbe degli altri e pertanto nessuno comprerebbe da altri (vedi: attuale situazione delle banche nel mondo).

Il percorso affrontato, trattandosi di un lavoro di economia aziendale, deve necessariamente rivolgersi al mondo delle imprese cercando di capire come le stesse coinvolte loro malgrado nella crisi di valori reagiscano alle esigenze del mercato. Emerge un quadro piuttosto frammentato: alcune aziende presentano più che altro un approccio come possiamo definirlo "di affermazione di buona volontà" una specie di "fioretto alla Madonna" attraverso la costruzione di codici etici piuttosto complessi e diffusi in molte realtà aziendali contenenti una serie di buoni propositi, legati alle tematiche etiche più stringenti come: **la sostenibilità sociale ed ambientale, agire comportamenti virtuosi, perdere le vecchie e cattive abitudini ecc. ecc.**
Altre imprese al contrario si sono poste in modo assai più attivo nei confronti delle problematiche offrendo anche la possibilità attraverso la redazione di un **bilancio sociale** completo ed esauriente, di fornire l'oggettiva partecipazione ai buoni propositi esposti. All'interno di questo "range" di aziende troviamo posizioni intermedie fra le più disparate possibili. Non è la dimensione, come si poteva supporre che ha spinto all'azione nella costruzione di un bilancio sociale ben redatto, vi sono aziende come Barilla o McDonald's che non vanno al di là di una elencazione di buoni propositi (codici etici ben delineati) ed altre assai meno importanti, come alcune piccole/medie concerie dell'alto milanese, che si sono prodigate in modo assai più rimarchevole, mentre certamente alcune grandi aziende e in Italia prima fra tutte, il gruppo Pirelli[1], presentano relazioni assai interessanti che in parte è possibile leggere negli allegati, dove presentiamo

per intero il Bilancio di sostenibilità come oggi viene chiamato anche il bilancio sociale e dove è possibile evincere con chiarezza le azioni poste in essere e le valutazioni di impatto sulle azioni svolte. Dalle nostre osservazioni sembrano comunque esservi dei tratti comuni riconducibili un po' a tutte le imprese osservate anche se operanti in settori estremamente differenti sia "merceologicamente" parlando, sia inteso proprio come settore produttivo. In estrema sintesi possiamo individuare tre o quattro questioni base sulle quali esiste una convergenza di massima fra imprese:

1. La questione della sostenibilità ambientale;
2. La questione del personale e della sua formazione;
3. Il rispetto delle regole, intese in senso più restrittivo del semplice rispetto delle leggi (ipotesi minimale di etica d'impresa);
4. Una affermazione di condivisione di massima circa le problematiche etiche e sociali come supporto al raggiungimento degli obiettivi di medio/lungo periodo.

■ Per ciò che concerne la sostenibilità ambientale, presente massicciamente in tutte le relazioni, anche quelle meno significative in tal senso (vedi: Istituto San Paolo IMI ora Intesa San Paolo), bisogna dire che i buoni propositi sono legati a vaghi riferimenti alle decisioni prese a Kyoto e da qualche paese non ratificate, oppure in maniera più significativa ad impegnarsi ad un migliore utilizzo dell'acqua, ad un maggior controllo delle emissioni legate alla produzione di medicinali nelle acque e nell'aria (Bayer). Il rispetto puntuale delle normative edilizie in tema ambientale, sia per uso di materiali eco-compatibili, sia per il rispetto estetico artistico dell'ambiente dove il fabbricato deve essere edificato (Pirelli Real Estate). L'Utilizzo di petroliere sicure e moderne, a "doppio scafo", per la petrolifera Shell. Impianti di depurazione delle acque e dell'aria efficaci per le concerie dell'alto milanese. Fiat propone modelli di auto elettrica, a gas metano o ibrida.

■ Con riferimento all'aspetto relativo alla "formazione del personale" si evince che elemento fondamentale è la garanzia della costanza dell'offerta formativa ai propri collaboratori.

Tale offerta formativa deve riguardare ogni aspetto dell'attività dell'impresa: tributario, fiscale, tecnico ed informatico e della sicurezza.

Le innovazioni tecnologiche contribuiscono alla creazione di nuovi ambiti di impresa per cui è sempre necessario una loro disciplina, la cui conoscenza non può certo sfuggire a chi opera sul campo.

La "formazione del personale" è garanzia di reciprocità e di scambio tra il collaboratore, l'impresa e la società.

Altro aspetto da non sottovalutare è la possibilità di garantire migliori condizioni lavorative; un sereno accesso al luogo di lavoro per i propri collaboratori, spesso si traduce in un miglioramento della qualità produttiva.

Quelli che possiamo definire "benefit di responsabilità sociale".

La creazione di asili nido aziendali con personale qualificato dove le donne lavoratrici possano affidare i propri figli; proposte di convenzione scuola-impresa con la finalità di garantire scambio formativo nel territorio in cui l'impresa opera.

· Naturalmente non essendo vigente una legislazione in termini di "bilancio sociale" con l'obbligato richiamo al concetto di "responsabilità sociale" il requisito minimo è ovviamente il rispetto dea parte delle imprese delle normative vigenti in termini di impatto ambientale, sicurezza del lavoro e tutela dello stesso. A volte però la stessa normativa vigente non è sufficiente o addirittura contrasta con il concetto di "responsabilità sociale".

· È necessario pertanto che si venga culturalmente ad affermare, ora che si è acquisita coscienza di tale necessità che la "responsabilità sociale" è un dovere di tutti gli attori del mondo *globalizzato*, di tutti colore che una volta si definivano "uomini di buona volontà".

La terra, l'aria e l'acqua sono elementi naturali fondamentali per la stessa esistenza della specie umana; è forse meglio averne una cura intelligente e responsabile affinché la stessa umanità possa goderne e ricavarne beneficio presente e futuro.

-BIBLIOGRAFIA-

- Il sole24ore:
- Intervista a Franzo Grande Stevens we e Paolo Sylos Labini: Micromega
- Documenti: da Relazione presso ITC Moreschi
- Documentazione ricavata da
- Analisi di Bilanci sociali